中华人民共和国
外商投资法实施条例

中国法制出版社

中华人民共和国外商投资法实施条例
ZHONGHUA RENMIN GONGHEGUO WAISAHNG TOUZI FA SHISHI TIAOLI

经销/新华书店
印刷/北京海纳百川印刷有限公司
开本/850 毫米×1168 毫米 32 开　　印张/1 字数/13 千
版次/2019 年 12 月第 1 版　　2019 年 12 月第 1 次印刷

中国法制出版社出版
书号 ISBN 978-7-5216-0790-1　　定价：4.00 元

北京西单横二条 2 号
邮政编码 100031　　传真：010-66031119
网址：http：//www.zgfzs.com　　**编辑部电话：010-66080537**
市场营销部电话：010-66033393　　**邮购部电话：010-66033288**

（如有印装质量问题，请与本社印务部联系调换。电话：010-66032926）

目　　录

中华人民共和国国务院令

第 723 号

《中华人民共和国外商投资法实施条例》已经 2019 年 12 月 12 日国务院第 74 次常务会议通过，现予公布，自 2020 年 1 月 1 日起施行。

总理　李克强

2019 年 12 月 26 日

中华人民共和国
外商投资法实施条例

第一章　总　　则

第一条　根据《中华人民共和国外商投资法》（以下简称外商投资法），制定本条例。

第二条　国家鼓励和促进外商投资，保护外商投资合法权益，规范外商投资管理，持续优化外商投资环境，推进更高水平对外开放。

第三条　外商投资法第二条第二款第一项、第三项所称其他投资者，包括中国的自然人在内。

第四条　外商投资准入负面清单（以下简称负面清单）由国务院投资主管部门会同国务院商务主管部门等有关部门提出，报国务院发布或者报国务院批准后由国务院投资主管部门、商务主管部门发布。

国家根据进一步扩大对外开放和经济社会发展需要，适时调整负面清单。调整负面清单的程序，适用前款规定。

第五条 国务院商务主管部门、投资主管部门以及其他有关部门按照职责分工，密切配合、相互协作，共同做好外商投资促进、保护和管理工作。

县级以上地方人民政府应当加强对外商投资促进、保护和管理工作的组织领导，支持、督促有关部门依照法律法规和职责分工开展外商投资促进、保护和管理工作，及时协调、解决外商投资促进、保护和管理工作中的重大问题。

第二章 投资促进

第六条 政府及其有关部门在政府资金安排、土地供应、税费减免、资质许可、标准制定、项目申报、人力资源政策等方面，应当依法平等对待外商投资企业和内资企业。

政府及其有关部门制定的支持企业发展的政策应当依法公开；对政策实施中需要由企业申请办理的事项，政府及其有关部门应当公开申请办理的条件、流程、时限等，并在审核中依法平等对待外商投资企业和内资企业。

第七条 制定与外商投资有关的行政法规、规章、规范性文件，或者政府及其有关部门起草与外商投资有关的法律、地方性法规，应当根据实际情况，采取书面征求意见以及召开座谈会、论证会、听证会等多种形式，听取外商投资企业和有关商会、协会等方面的意见和建议；对反映集中或者涉及外商投资企业重大权利义务问题的意见和建议，应当通过适当方式反馈采纳的情况。

与外商投资有关的规范性文件应当依法及时公布，未经公布的不得作为行政管理依据。与外商投资企业生产经营活动密切相关的规范性文件，应当结合实际，合理确定公布到施行之间的时间。

第八条 各级人民政府应当按照政府主导、多方参与的原则，建立健全外商投资服务体系，不断提升外商投资服务能力和水平。

第九条 政府及其有关部门应当通过政府网站、全国一体化在线政务服务平台集中列明有关外商投资的法律、法规、规章、规范性文件、政策措施和投资项目信息，并通过多种途径和方式加强宣传、解读，为外国投资者和外商投资企业提供咨询、指导等服务。

第十条 外商投资法第十三条所称特殊经济区域，是指经国家批准设立、实行更大力度的对外开放政策措施的特定区域。

国家在部分地区实行的外商投资试验性政策措施，经实践证明可行的，根据实际情况在其他地区或者全国范围内推广。

第十一条 国家根据国民经济和社会发展需要，制定鼓励外商投资产业目录，列明鼓励和引导外国投资者投资的特定行业、领域、地区。鼓励外商投资产业目录由国务院投资主管部门会同国务院商务主管部门等有关部门拟订，报国务院批准后由国务院投资主管部门、商务主管部门发布。

第十二条 外国投资者、外商投资企业可以依照法律、行政法规或者国务院的规定，享受财政、税收、金融、用地等方面的优惠待遇。

外国投资者以其在中国境内的投资收益在中国境内扩大投资的，依法享受相应的优惠待遇。

第十三条 外商投资企业依法和内资企业平等参与国家标准、行业标准、地方标准和团体标准的制定、修订工作。外商投资企业可以根据需要自行制定或者与其他企业联合制定企业标准。

外商投资企业可以向标准化行政主管部门和有关行政主管部门提出标准的立项建议，在标准立项、起草、技术审查以及标准实施信息反馈、评估等过程中提出意见和建议，并按照规定承担标准起草、技术审查的相关工作以及标准的外文翻译工作。

标准化行政主管部门和有关行政主管部门应当建立

健全相关工作机制，提高标准制定、修订的透明度，推进标准制定、修订全过程信息公开。

第十四条 国家制定的强制性标准对外商投资企业和内资企业平等适用，不得专门针对外商投资企业适用高于强制性标准的技术要求。

第十五条 政府及其有关部门不得阻挠和限制外商投资企业自由进入本地区和本行业的政府采购市场。

政府采购的采购人、采购代理机构不得在政府采购信息发布、供应商条件确定和资格审查、评标标准等方面，对外商投资企业实行差别待遇或者歧视待遇，不得以所有制形式、组织形式、股权结构、投资者国别、产品或者服务品牌以及其他不合理的条件对供应商予以限定，不得对外商投资企业在中国境内生产的产品、提供的服务和内资企业区别对待。

第十六条 外商投资企业可以依照《中华人民共和国政府采购法》（以下简称政府采购法）及其实施条例的规定，就政府采购活动事项向采购人、采购代理机构提出询问、质疑，向政府采购监督管理部门投诉。采购人、采购代理机构、政府采购监督管理部门应当在规定的时限内作出答复或者处理决定。

第十七条 政府采购监督管理部门和其他有关部门应当加强对政府采购活动的监督检查，依法纠正和查处对外商投资企业实行差别待遇或者歧视待遇等违法违规行为。

第十八条 外商投资企业可以依法在中国境内或者境外通过公开发行股票、公司债券等证券，以及公开或者非公开发行其他融资工具、借用外债等方式进行融资。

第十九条 县级以上地方人民政府可以根据法律、行政法规、地方性法规的规定，在法定权限内制定费用减免、用地指标保障、公共服务提供等方面的外商投资促进和便利化政策措施。

县级以上地方人民政府制定外商投资促进和便利化政策措施，应当以推动高质量发展为导向，有利于提高经济效益、社会效益、生态效益，有利于持续优化外商投资环境。

第二十条 有关主管部门应当编制和公布外商投资指引，为外国投资者和外商投资企业提供服务和便利。外商投资指引应当包括投资环境介绍、外商投资办事指南、投资项目信息以及相关数据信息等内容，并及时更新。

第三章 投资保护

第二十一条 国家对外国投资者的投资不实行征

收。

在特殊情况下，国家为了公共利益的需要依照法律规定对外国投资者的投资实行征收的，应当依照法定程序、以非歧视性的方式进行，并按照被征收投资的市场价值及时给予补偿。

外国投资者对征收决定不服的，可以依法申请行政复议或者提起行政诉讼。

第二十二条 外国投资者在中国境内的出资、利润、资本收益、资产处置所得、取得的知识产权许可使用费、依法获得的补偿或者赔偿、清算所得等，可以依法以人民币或者外汇自由汇入、汇出，任何单位和个人不得违法对币种、数额以及汇入、汇出的频次等进行限制。

外商投资企业的外籍职工和香港、澳门、台湾职工的工资收入和其他合法收入，可以依法自由汇出。

第二十三条 国家加大对知识产权侵权行为的惩处力度，持续强化知识产权执法，推动建立知识产权快速协同保护机制，健全知识产权纠纷多元化解决机制，平等保护外国投资者和外商投资企业的知识产权。

标准制定中涉及外国投资者和外商投资企业专利的，应当按照标准涉及专利的有关管理规定办理。

第二十四条 行政机关（包括法律、法规授权的具有管理公共事务职能的组织，下同）及其工作人员不得利用实施行政许可、行政检查、行政处罚、行政强制以及其他行政手段，强制或者变相强制外国投资者、外商投资企业转让技术。

第二十五条 行政机关依法履行职责，确需外国投资者、外商投资企业提供涉及商业秘密的材料、信息的，应当限定在履行职责所必需的范围内，并严格控制知悉范围，与履行职责无关的人员不得接触有关材料、信息。

行政机关应当建立健全内部管理制度，采取有效措施保护履行职责过程中知悉的外国投资者、外商投资企业的商业秘密；依法需要与其他行政机关共享信息的，应当对信息中含有的商业秘密进行保密处理，防止泄露。

第二十六条 政府及其有关部门制定涉及外商投资的规范性文件，应当按照国务院的规定进行合法性审核。

外国投资者、外商投资企业认为行政行为所依据的国务院部门和地方人民政府及其部门制定的规范性文件不合法，在依法对行政行为申请行政复议或者提起行政诉讼时，可以一并请求对该规范性文件进行审查。

第二十七条 外商投资法第二十五条所称政策承

诺，是指地方各级人民政府及其有关部门在法定权限内，就外国投资者、外商投资企业在本地区投资所适用的支持政策、享受的优惠待遇和便利条件等作出的书面承诺。政策承诺的内容应当符合法律、法规规定。

第二十八条 地方各级人民政府及其有关部门应当履行向外国投资者、外商投资企业依法作出的政策承诺以及依法订立的各类合同，不得以行政区划调整、政府换届、机构或者职能调整以及相关责任人更替等为由违约毁约。因国家利益、社会公共利益需要改变政策承诺、合同约定的，应当依照法定权限和程序进行，并依法对外国投资者、外商投资企业因此受到的损失及时予以公平、合理的补偿。

第二十九条 县级以上人民政府及其有关部门应当按照公开透明、高效便利的原则，建立健全外商投资企业投诉工作机制，及时处理外商投资企业或者其投资者反映的问题，协调完善相关政策措施。

国务院商务主管部门会同国务院有关部门建立外商投资企业投诉工作部际联席会议制度，协调、推动中央层面的外商投资企业投诉工作，对地方的外商投资企业投诉工作进行指导和监督。县级以上地方人民政府应当指定部门或者机构负责受理本地区外商投资企业或者其投资者的投诉。

国务院商务主管部门、县级以上地方人民政府指定的部门或者机构应当完善投诉工作规则、健全投诉方式、明确投诉处理时限。投诉工作规则、投诉方式、投诉处理时限应当对外公布。

第三十条 外商投资企业或者其投资者认为行政机关及其工作人员的行政行为侵犯其合法权益，通过外商投资企业投诉工作机制申请协调解决的，有关方面进行协调时可以向被申请的行政机关及其工作人员了解情况，被申请的行政机关及其工作人员应当予以配合。协调结果应当以书面形式及时告知申请人。

外商投资企业或者其投资者依照前款规定申请协调解决有关问题的，不影响其依法申请行政复议、提起行政诉讼。

第三十一条 对外商投资企业或者其投资者通过外商投资企业投诉工作机制反映或者申请协调解决问题，任何单位和个人不得压制或者打击报复。

除外商投资企业投诉工作机制外，外商投资企业或者其投资者还可以通过其他合法途径向政府及其有关部门反映问题。

第三十二条 外商投资企业可以依法成立商会、协会。除法律、法规另有规定外，外商投资企业有权自主决定参加或者退出商会、协会，任何单位和个人不得干预。

商会、协会应当依照法律法规和章程的规定，加强行业自律，及时反映行业诉求，为会员提供信息咨询、宣传培训、市场拓展、经贸交流、权益保护、纠纷处理等方面的服务。

国家支持商会、协会依照法律法规和章程的规定开展相关活动。

第四章　投资管理

第三十三条　负面清单规定禁止投资的领域，外国投资者不得投资。负面清单规定限制投资的领域，外国投资者进行投资应当符合负面清单规定的股权要求、高级管理人员要求等限制性准入特别管理措施。

第三十四条　有关主管部门在依法履行职责过程中，对外国投资者拟投资负面清单内领域，但不符合负面清单规定的，不予办理许可、企业登记注册等相关事项；涉及固定资产投资项目核准的，不予办理相关核准事项。

有关主管部门应当对负面清单规定执行情况加强监督检查，发现外国投资者投资负面清单规定禁止投资的领域，或者外国投资者的投资活动违反负面清单规定的限制性准入特别管理措施的，依照外商投资法第三十六条的规定予以处理。

第三十五条 外国投资者在依法需要取得许可的行业、领域进行投资的，除法律、行政法规另有规定外，负责实施许可的有关主管部门应当按照与内资一致的条件和程序，审核外国投资者的许可申请，不得在许可条件、申请材料、审核环节、审核时限等方面对外国投资者设置歧视性要求。

负责实施许可的有关主管部门应当通过多种方式，优化审批服务，提高审批效率。对符合相关条件和要求的许可事项，可以按照有关规定采取告知承诺的方式办理。

第三十六条 外商投资需要办理投资项目核准、备案的，按照国家有关规定执行。

第三十七条 外商投资企业的登记注册，由国务院市场监督管理部门或者其授权的地方人民政府市场监督管理部门依法办理。国务院市场监督管理部门应当公布其授权的市场监督管理部门名单。

外商投资企业的注册资本可以用人民币表示，也可以用可自由兑换货币表示。

第三十八条 外国投资者或者外商投资企业应当通过企业登记系统以及企业信用信息公示系统向商务主管部门报送投资信息。国务院商务主管部门、市场监督管理部门应当做好相关业务系统的对接和工作衔接，并为外国投资者或者外商投资企业报送投资信息提供指导。

第三十九条 外商投资信息报告的内容、范围、频次和具体流程，由国务院商务主管部门会同国务院市场监督管理部门等有关部门按照确有必要、高效便利的原则确定并公布。商务主管部门、其他有关部门应当加强信息共享，通过部门信息共享能够获得的投资信息，不得再行要求外国投资者或者外商投资企业报送。

外国投资者或者外商投资企业报送的投资信息应当真实、准确、完整。

第四十条 国家建立外商投资安全审查制度，对影响或者可能影响国家安全的外商投资进行安全审查。

第五章 法律责任

第四十一条 政府和有关部门及其工作人员有下列情形之一的，依法依规追究责任：

（一）制定或者实施有关政策不依法平等对待外商投资企业和内资企业；

（二）违法限制外商投资企业平等参与标准制定、修订工作，或者专门针对外商投资企业适用高于强制性标准的技术要求；

（三）违法限制外国投资者汇入、汇出资金；

（四）不履行向外国投资者、外商投资企业依法作出的政策承诺以及依法订立的各类合同，超出法定权限作出政策承诺，或者政策承诺的内容不符合法律、法规规定。

第四十二条 政府采购的采购人、采购代理机构以不合理的条件对外商投资企业实行差别待遇或者歧视待遇的，依照政府采购法及其实施条例的规定追究其法律责任；影响或者可能影响中标、成交结果的，依照政府采购法及其实施条例的规定处理。

政府采购监督管理部门对外商投资企业的投诉逾期未作处理的，对直接负责的主管人员和其他直接责任人员依法给予处分。

第四十三条 行政机关及其工作人员利用行政手段强制或者变相强制外国投资者、外商投资企业转让技术的，对直接负责的主管人员和其他直接责任人员依法给予处分。

第六章 附 则

第四十四条 外商投资法施行前依照《中华人民共和国中外合资经营企业法》、《中华人民共和国外资企业法》、《中华人民共和国中外合作经营企业法》设立的外商投资企业（以下称现有外商投资企业），在外商投资法施行后5年内，可以依照《中华人民共和国公司法》、《中华人民共和国合伙企业法》等法律的规定调整其组织形式、组织机构等，并依法办理变更登记，也可以继续保留原企业组织形式、组织机构等。

自2025年1月1日起，对未依法调整组织形式、组织机构等并办理变更登记的现有外商投资企业，市场监督管理部门不予办理其申请的其他登记事项，并将相关情形予以公示。

第四十五条 现有外商投资企业办理组织形式、组织机构等变更登记的具体事宜，由国务院市场监督管理部门规定并公布。国务院市场监督管理部门应当加强对变更登记工作的指导，负责办理变更登记的市场监督管理部门应当通过多种方式优化服务，为企业办理变更登记提供便利。

第四十六条 现有外商投资企业的组织形式、组织机构等依法调整后，原合营、合作各方在合同中约定的股权或者权益转让办法、收益分配办法、剩余财产分配办法等，可以继续按照约定办理。

第四十七条 外商投资企业在中国境内投资，适用外商投资法和本条例的有关规定。

第四十八条 香港特别行政区、澳门特别行政区投资者在内地投资，参照外商投资法和本条例执行；法律、行政法规或者国务院另有规定的，从其规定。

台湾地区投资者在大陆投资，适用《中华人民共和国台湾同胞投资保护法》（以下简称台湾同胞投资保护法）及其实施细则的规定；台湾同胞投资保护法及其实施细则未规定的事项，参照外商投资法和本条例执行。

定居在国外的中国公民在中国境内投资，参照外商投资法和本条例执行；法律、行政法规或者国务院另有规定的，从其规定。

第四十九条 本条例自 2020 年 1 月 1 日起施行。《中华人民共和国中外合资经营企业法实施条例》、《中外合资经营企业合营期限暂行规定》、《中华人民共和国外资企业法实施细则》、《中华人民共和国中外合作经营企业法实施细则》同时废止。

2020 年 1 月 1 日前制定的有关外商投资的规定与外商投资法和本条例不一致的，以外商投资法和本条例的规定为准。

司法部、商务部、发展改革委负责人就《中华人民共和国外商投资法实施条例》有关问题答记者问

2019年12月26日，国务院总理李克强签署国务院令公布《中华人民共和国外商投资法实施条例》（以下简称《实施条例》），自2020年1月1日起施行。日前，司法部、商务部、发展改革委负责人就《实施条例》的有关问题回答了记者的提问。

问：为什么要制定《实施条例》并与外商投资法同步实施？

答：2019年3月15日，第十三届全国人民代表大会第二次会议通过了《中华人民共和国外商投资法》，自2020年1月1日起施行。外商投资法总结改革开放40年我国外商投资法律制度的实践经验，适应新形势新要求，确立了我国新型外商投资法律制度的基本框架，对外商投资的准入、促进、保护、管理等作出了统一规

定，是我国外商投资领域新的基础性法律，为推动更高水平对外开放提供了有力法治保障。

制定和完善配套法规，细化外商投资法确定的主要法律制度，对于保障外商投资法有效实施具有重要意义。党中央、国务院高度重视外商投资法实施和配套法规制定工作。习近平总书记指出，要加快制定配套法规，确保严格实施外商投资法，不断完善市场化、法治化、国际化的营商环境，持续推进更高水平对外开放。李克强总理强调，要抓紧制定配套法规，细化外商投资法确定的主要法律制度，形成可操作的具体规则，确保与外商投资法同时实施。制定外商投资法配套法规列入国务院 2019 年立法工作计划。为贯彻落实党中央、国务院决策部署，司法部会同商务部、发展改革委等部门，在广泛听取各方面意见、反复研究修改的基础上起草形成了《中华人民共和国外商投资法实施条例（草案）》，于 2019 年 12 月 12 日经国务院第 74 次常务会议讨论通过。2019 年 12 月 26 日，李克强总理签署第 723 号国务院令公布了《实施条例》，自 2020 年 1 月 1 日起和外商投资法同步施行。

问：制定《实施条例》的总体思路是什么？

答：《实施条例》制定坚持以习近平新时代中国特色社会主义思想为指导，深入贯彻落实党中央、国务院持续推进更高水平对外开放的决策部署，准确把握外商投资法配套行政法规的立法定位，严格贯彻外商投资法的立法原则和宗旨，更加突出促进和保护外商投资的主基调，持续优化外商投资环境，进一步提振外商投资信心、稳定投资预期。在内容上，坚持繁简适度，一方面对外商投资法需要从行政法规层面细化的事项尽可能予以明确，增强法律制度的可操作性，保障法律有效实施；同时又为有关部门在规章、规范性文件中对有关问题作出进一步规定或者在实际执行中具体掌握留有空间。

问：《实施条例》制定中征求意见的情况如何？

答：在《实施条例》制定过程中，起草部门严格按照民主立法的有关要求，深入、广泛听取各方面特别是外商投资企业和有关外国商会的意见。2019 年 4 月起草工作启动之初，即向国务院各部门、有关地方政府、行业协会、律师协会以及美国、欧盟、日本等驻华商会发函，征集对细化外商投资法的诉求和建议，在此基础上起草出初稿。2019 年 10 月征求意见稿形成后，书面征求了中央有关单位、地方政府、外商投资企业、有关协会和外国驻华商会、律师事务所、研究机构等 200 多家单位的意见，并召开座谈会，专门听取 20 多家外商投资企业以及有关律师、专家学者的意见。2019 年 11 月 1

日至12月1日，还将征求意见稿上网向社会公开征求意见。各方面对《实施条例》制定高度关注，提出了很多富有见地的意见和建议。司法部会同商务部、发展改革委等部门逐条认真研究，尽可能予以吸收采纳，对征求意见稿反复修改完善。可以说，广泛征求意见的过程也是不断凝聚共识的过程，《实施条例》是各方面智慧的结晶。

问：对于投资促进，《实施条例》主要从哪些方面作了进一步细化？

答：积极促进外商投资是外商投资法的主旨之一。对外商投资法“投资促进”一章的有关规定，《实施条例》主要从以下方面作了细化：

一是外商投资企业依法平等适用国家支持企业发展的各项政策。规定政府及其有关部门在政府资金安排、土地供应、税费减免、资质许可、标准制定、项目申报、人力资源政策等方面，应当依法平等对待外商投资企业和内资企业。支持企业发展的政策应当依法公开；对政策实施中需要由企业申请办理的事项，应当公开申请办理的条件、流程、时限等，并在审核中依法平等对待外商投资企业和内资企业。

二是提高外商投资政策的透明度。规定起草与外商投资有关的法律、法规、规章、规范性文件应当听取外商投资企业和有关商会、协会等方面的意见和建议；对反映集中或者涉及外商投资企业重大权利义务问题的意见和建议，应当通过适当方式反馈采纳的情况。与外商投资有关的规范性文件应当依法及时公布，未经公布的不得作为行政管理依据。与外商投资企业生产经营活动密切相关的规范性文件，应当结合实际，合理确定公布到施行之间的时间。

三是鼓励和引导外商投资。规定国家根据国民经济和社会发展需要，制定鼓励外商投资产业目录，列明鼓励和引导外国投资者投资的特定行业、领域、地区。外国投资者、外商投资企业可以依照法律、行政法规或者国务院的规定，享受财政、税收、金融、用地等方面的优惠待遇。外国投资者以其在中国境内的投资收益在中国境内扩大投资的，依法享受相应的优惠待遇。

四是保障外商投资企业依法平等参与标准化工作。明确外商投资企业依法和内资企业平等参与国家标准、行业标准、地方标准和团体标准的制定、修订工作，可以向标准化行政主管部门和有关行政主管部门提出标准的立项建议，在标准立项、起草、技术审查以及标准实施信息反馈、评估等过程中提出意见和建议，并按照规定承担标准起草、技术审查的相关工作以及标准的外文翻译工作。国家制定的强制性标准对外商投资企业和内资企业平等适用，不得专门针对外商投资企业适用高于强制性标准的技术要求。

五是保障外商投资企业依法公平参与政府采购活动。明确政府及其有关部门不得阻挠和限制外商投资企业自由进入本地区和本行业的政府采购市场。政府采购的采购人、采购代理机构不得在政府采购信息发布、供应商条件确定和资格审查、评标标准等方面，对外商投资企业实行差别待遇或者歧视待遇，不得以所有制形式、组织形式、股权结构、投资者国别、产品或服务品牌以及其他不合理的条件对供应商予以限定，不得对外商投资企业在中国境内生产的产品、提供的服务和内资企业区别对待。外商投资企业可以依法就政府采购活动事项向采购人、采购代理机构提出询问、质疑，向政府采购监督管理部门投诉。

问：对外国投资者和外商投资企业高度关注的投资保护有关规定，《实施条例》作了哪些细化？

答：主要有五个方面：一是明确在特殊情况下国家为了公共利益的需要对外国投资者的投资实行征收的，应当依照法定程序、以非歧视性的方式进行，并按照被征收投资的市场价值及时给予补偿。外国投资者对征收决定不服的，可以依法申请行政复议或者提起行政诉讼。二是明确行政机关及其工作人员不得利用实施行政许可、行政检查、行政处罚、行政强制以及其他行政手段，强制或者变相强制外国投资者、外商投资企业转让技术。行政机关依法履行职责，确需外国投资者、外商投资企业提供涉及商业秘密的信息的，应当限定在履行职责所必需的范围内，严格控制知悉范围，并应当建立健全内部管理制度，采取有效措施保护履行职责过程中知悉的外国投资者、外商投资企业的商业秘密。三是明确政府及其有关部门制定涉及外商投资的规范性文件，应当按照国务院的规定进行合法性审核。四是明确了政策承诺的内涵、作出政策承诺的要求，并明确规定地方政府及其有关部门不得以行政区划调整、政府换届、机构或者职能调整以及相关责任人更替等为由违约毁约。五是对外商投资企业投诉工作机制的建立、运行等作了进一步明确和细化。

问：外商投资法及其实施条例施行后，外商投资企业设立等是否还需要审批、备案？

答：对外商投资企业设立等实行审批、备案，是“外资三法”及其配套行政法规确定的外商投资管理制度之一。2020 年 1 月 1 日外商投资法及其实施条例施行时，“外资三法”及其实施细则、中外合资经营企业合营期限暂行规定将同时废止，这些法律、行政法规确定的对外商投资企业设立等实行审批、备案管理的制度将不再实行。这是落实外商投资法确立的准入前国民待遇加负面清单管理制度，对外商投资管理制度所作的重大改革，将进一步简化外商投资企业设立程序，为外商投资营造更便利的环境。

问：如何保障外商投资准入负面清单的规定落到实处？

答：对外商投资实行准入前国民待遇加负面清单管理制度，是外商投资法确立的一项重要制度，是对我国外资管理制度的重大改革。根据外商投资法的规定，负面清单规定禁止投资的领域，外国投资者不得投资；负面清单规定限制投资的领域，外国投资者进行投资应当符合负面清单规定的条件。这里所说的“条件”，是指负面清单规定的股权要求、高级管理人员国籍要求等限制性准入特别管理措施，是外商投资全过程中始终应当符合的要求。为保障负面清单规定的落实，《实施条例》明确规定：有关主管部门在依法履行职责过程中，对外国投资者拟投资负面清单内领域，但不符合负面清单规定的，不予办理许可、企业登记注册等相关事项；涉及固定资产投资项目核准的，不予办理相关核准事项。有关主管部门应当对负面清单规定执行情况加强监督检查，发现外国投资者投资负面清单规定禁止投资的领域，或者外国投资者的投资活动违反负面清单规定的限制性准入特别管理措施的，依照外商投资法第三十六条的规定予以处理。上述规定的主要考虑是，负面清单规定的落实应在现有制度框架内，由有关主管部门在依法履行职责的各个环节严格监督把关，并强化事中事后监管，形成全过程的监管合力，既把负面清单内领域切实管住管好，又符合准入前国民待遇加负面清单管理制度的精神和“放管服”改革要求，不新设行政许可。

问：《实施条例》如何保障现有外商投资企业组织形式等的平稳过渡？

答：外商投资法第三十一条规定，外商投资企业的组织形式、组织机构及其活动准则，适用公司法、合伙企业法等法律的规定；第四十二条规定，本法施行前依照“外资三法”设立的外商投资企业，在本法施行后五年内可以继续保留原企业组织形式等，具体办法由国务院规定。为落实外商投资法的上述规定，保障外商投资企业组织形式等的平稳过渡，《实施条例》明确了有关过渡期安排。具体是：现有外商投资企业在外商投资法施行后 5 年内，可以依法调整其组织形式、组织机构等，并依法办理变更登记，也可以继续保留原企业组织形式、组织机构等；自 2025 年 1 月 1 日起，对未依法办理变更登记的现有外商投资企业，企业登记机关不予办理其申请的其他登记事项，并将相关情形予以公示。为便于现有外商投资企业办理变更登记，《实施条例》明确由国务院市场监督管理部门规定并公布办理变更登记的具体事宜，国务院市场监督管理部门应当加强对变更登记工作的指导，负责办理变更登记的市场监督管理部门应当通过多种方式优化服务，为企业办理变更登记提供便利。

问：对各方面关心的港澳台投资的法律适用问题，《实施条例》是否作了明确？

答：改革开放以来，港澳台投资为国家经济社会发展做出了重要贡献，国家始终鼓励和保护港澳台投资。港澳台投资在性质上不同于外国投资者的投资，与内资相比又有一定的特殊性。实践中，对港澳投资原则上参照适用外商投资的法律制度进行管理，对台湾同胞投资适用台湾同胞投资保护法及其实施细则的规定，台湾同胞投资保护法及其实施细则没有规定的，参照适用有关外商投资的法律法规。按照既保持港澳台投资政策的连续性和稳定性，又为政策调整留有空间的原则，《实施条例》明确了港澳台投资的法律适用，具体是：香港特别行政区、澳门特别行政区投资者在内地投资，参照外商投资法和本条例执行；法律、行政法规或者国务院另有规定的，从其规定。台湾地区投资者在大陆投资，适用台湾同胞投资保护法及其实施细则的规定；台湾同胞投资保护法及其实施细则未规定的事项，参照外商投资法和本条例执行。

问：现行有关外商投资的规定比较多，对其中与外商投资法和《实施条例》不一致的如何处理？

答：这个问题非常重要。外商投资法对我国现行外商投资法律制度作了重大创新和完善，体现了外商投资法律制度的与时俱进。为保障外商投资法有效实施，根据“上位法优于下位法、新法优于旧法”的原则，《实施条例》明确规定：2020 年 1 月 1 日前制定的有关外商投资的规定与外商投资法和本条例不一致的，以外商投资法和本条例的规定为准。此外，按照国务院统一部署，商务部、发展改革委、司法部正在组织各地方、各部门，抓紧对现行有关外商投资的规定进行全面清理，明确要求凡是与外商投资法不符的法规、规章、规范性文件，都要予以废止或者修改。目前，清理工作已经取得阶段性进展，下一步将继续抓紧推进。